Au pays des enfants

et

Ado c'est mieux

Comédies
à jouer par les enfants

Geneviève Steinling

Au pays des enfants

et

Ado c'est mieux

Comédies
à jouer par les enfants

Copyright © 2022 Geneviève Steinling
Tous droits réservés.

Édition : BoD – Books on Demand, info@bod.fr
Impression : BoD – Books on Demand,
In de Tarpen 42, Norderstedt (Allemagne)
Impression à la demande
ISBN : 978-2-3224-5904-9
Dépôt légal : octobre 2022
Loi n°49-956 du 16 juillet 1949 sur les publications destinées à la jeunesse, modifiée par la loi n°2011-525 du 17 mai 2011.

À Merrick,
mon petit-fils

Au pays des enfants

Pépito et Pépita : Ils ont entre 5 et 7 ans.
Madame Année : Habillée en robe des quatre saisons.
Janvier : Galette des rois, couronne.
Février : Tenue de cuisinier et beignets.
Mars : Sac de vêtements de déguisement.
Avril : Tenue lièvre de Pâques, poissons papier.
Mai : Fillette habillée en fleur + brin de muguet.
Juin : Panier rempli de cerises.
Juillet : Tenue de vacances.
Août : Tenue de vacances.
Septembre : Tenue d'écolier. Très sérieux.
Octobre : Jumeau de Novembre – parapluie.
Novembre : Jumeau d'Octobre – parapluie.
Décembre : Tenue de Père Noël.

<u>**Décors :**</u> chambre d'enfants
2 lits, 12 chaises, accessoires en rapport avec les tenues.

<u>Note de l'auteure :</u>

Pépito et Pépita s'interrogent. Qu'est-ce qu'un enfant ? Les jeunes comédiens seront amenés à se poser des questions d'autant qu'à la fin, chacun est invité à donner sa propre définition du mot. Cette approche fantaisiste pourra être le point de départ d'un intéressant travail en amont.

Je vous souhaite une belle représentation. G.S.

La pièce fait partie du répertoire de la Société des Auteurs et Compositeurs Dramatiques (S.A.C.D.)
11, rue Ballu 75442 Paris Cedex 09
Elle ne peut être jouée sans son autorisation.

Pour en faire la demande : Tél 01 40 23 44 44
OU sur leur site : https://www.sacd.fr/
https://www.sacd.fr/compagnie-amateur-demander-une-autorisation

Pour joindre l'auteure :
genevieve.steinling@gmail.com
Site : https://genevieve-steinling.com/

PIÈCE EN 1 ACTE

Pépita et Pépito dorment chacun dans un lit.
En off, les voix se répètent et se mélangent en cacophonie.

JANVIER
Janvier.

FÉVRIER
Février.

MARS
Mars.

AVRIL
Avril

MAI
Mai.

JUIN
Juin.

JUILLET
Juillet.

AOÛT
Août.

SEPTEMBRE
Septembre.

OCTOBRE
Octobre.

NOVEMBRE
Novembre.

DÉCEMBRE
Décembre.

Les mois entrent, se présentent et s'assoient.
JANVIER
Janvier, c'est moi, le numéro 1, celui qui donne le signal de départ.

FÉVRIER
Le plus petit n'est pas forcément le moins rapide, j'en suis la preuve car je n'ai besoin que de vingt-huit jours pour arriver au bout du chemin. Tous les quatre ans, je traîne un peu et il me faut un jour de plus.

MARS
Mon nom est mars. Je suis attendu car j'ouvre la porte au printemps et les premières fleurs apparaissent.

AVRIL
Le plus coquin, c'est moi.
Quand je fais des blagues, je dis : « poisson d'avril ».

MAI *(avec du muguet qu'elle peut offrir à un spectateur)*
Joli mois de mai, c'est moi. Offrez du muguet à ceux que vous aimez et vous aurez un baiser.

JUIN
Juin, tel est mon nom. Le soleil vient souvent me tenir compagnie, il met les cœurs en joie et la vie est belle.

JUILLET
Je suis un mois joyeux pour les écoliers qui rangent leurs cahiers en criant : « vive juillet ! »

AOÛT
Août, c'est ainsi que l'on m'appelle, je suis aimé des enfants et des adultes car je suis le mois des vacances d'été.

JUILLET
Moi aussi !

AOUT
Toi aussi ?

JUILLET
Je suis aussi le mois des vacances d'été.

AOÛT
C'est vrai. Je l'admets, nous sommes deux. Tope là !

SEPTEMBRE
Septembre a le parfum de la craie, des livres et des cahiers. C'est la rentrée des classes.

Octobre et Novembre sont face à face de chaque côté de la scène. Ils se présentent.
OCTOBRE
Octobre.

NOVEMBRE
Novembre.

OCTOBRE
Nous sommes deux sœurs jumelles nées sous le signe de la pluie…

NOVEMBRE *(tristement en complétant)*
… Du froid et de la nuit qui vient plus vite.

OCTOBRE
Ne sois pas triste ! C'est le moment où les arbres prennent de jolies couleurs.

NOVEMBRE
Tu as raison ! Et où la neige commence à tomber.

OCTOBRE
Tu es le mois préféré des enfants.

Pépita se réveille doucement mais reste couchée.

DÉCEMBRE
Ah non, non, « je » suis le mois préféré des enfants car c'est en décembre qu'ils déballent leurs cadeaux sous le sapin et je les rends heureux.

PÉPITA *(assise sur son lit d'un bond)*
Réveille-toi, Pépito !

PÉPITO
Qu'est-ce qu'il y a ?

PÉPITA
Regarde !

PÉPITO *(se frottant les yeux)*
Qui c'est ?

PÉPITA
Je ne sais pas.

Les mois ne voient pas Pépito ni Pépita qui les regardent étonnés mais sans vraiment avoir peur.

AOÛT *(à Janvier)*
Tu es glacé. Tu me donnes des frissons.

SEPTEMBRE
Tiens ! *(il tend une paire de chaussettes à Août)*.

AOÛT
Pourquoi me donnes-tu des chaussettes ?

SEPTEMBRE
(à Août) Tu viens de dire que tu as des frissons. Tu ne connais pas le dicton : « Si tu as froid en janvier, mets deux paires de chaussettes aux pieds » ?

Madame Année entre en tenant un tableau noir.
MADAME ANNÉE
Bonjour les petits mois.
Elle pose le tableau face aux mois.

LES MOIS *(ensemble)*
Bonjour, Madame Année !

PÉPITA
Madame Année !

PÉPITO
Les petits mois ! Elle a dit « les petits mois ».

PÉPITA
Ben oui, les mois de l'année. C'est logique.

PÉPITO
Qu'est-ce qu'ils font ici ? Dans notre chambre.

PÉPITA
Je ne sais pas et je ne les ai pas vus arriver. Je viens juste de me réveiller. Ils sont habillés bizarrement, on dirait qu'ils reviennent d'un bal masqué.

PÉPITO
Et la dame porte une drôle de robe.

PÉPITO
C'est la robe des quatre saisons : printemps, été, automne, hiver.
Pépita s'avance vers Madame Année.
Pépito se cache sous le drap.

PÉPITA *(à Madame Année)*
Que faites-vous dans notre chambre ? Et comment êtes-vous entrée chez nous ?

PÉPITO *(sortant sa tête du drap)*
On dirait qu'elle ne te voit pas.
Pépita touche Madame Année, qui ne réagit pas.

MADAME ANNÉE *(l'ignorant)*
Aujourd'hui nous allons chercher à savoir ce qu'est un enfant.

PÉPITO et PÉPITA *(se regardant)*
Je suis un(e) enfant.

PÉPITA
Madame, nous sommes des enfants. Regardez-nous et vous saurez à quoi ressemble un enfant.

PÉPITO
Ne te fatigue pas ! Elle ne t'entend pas.

MADAME ANNÉE
Tiens, Janvier, *(elle lui tend la craie)* écris sur le tableau le mot « enfant » !

JANVIER
Non.

MADAME ANNÉE
Comment non !

JANVIER
Je suis le roi *(montre sa couronne)* et un roi a tous les droits. Même le droit de ne pas obéir.

MADAME ANNÉE *(très autoritaire)*
Depuis quand un mois et non un roi se permet-il de me désobéir ! Prends cette craie et écris le mot enfant, et vite ! *(il dessine la tête de Toto avec couronne)* Depuis quand dessine-t-on au lieu d'écrire ?

JANVIER
Depuis que je l'ai décidé. *(montre sa couronne)* D'ailleurs, qui veut manger de la galette ?

LES MOIS
Moi ! *(chacun prend une part)*.

PÉPITA
Il reste une part.

Janvier la donne à Madame Année.
MADAME ANNÉE
Merci. Je la mangerai plus tard.

FÉVRIER *(à Janvier)*
Si tu n'as pas la fève tu ne seras plus le roi.

JANVIER
Il n'y a pas de fève dans cette galette puisque que le roi existe déjà et que le roi, c'est moi.

MARS
Tu te trompes. Dans toutes les galettes des rois, il y a une fève sinon la galette des rois ne s'appellerait pas une galette « des rois ».
Les autres mois (sauf Janvier) approuve de la tête.

MADAME ANNÉE
(à Janvier) Ici il n'y a pas de roi, tu es le premier, c'est toi qui ouvres le chemin à tes frères et sœurs, mais vous êtes tous égaux.

JANVIER
Sauf que je suis le plus grand.

MARS, MAI, JUILLET, AOÛT, OCTOBRE, DÉCEMBRE *(se levant ensemble)*
Nous sommes aussi grands que toi et plus grands que les autres. *(ils se rassoient)*

AVRIL, JUIN, SEPTEMBRE, NOVEMBRE
(se levant à leur tour)
Juste plus grand d'un tout petit jour. Ça ne compte pas.

DÉCEMBRE
Oh si ! Ça compte un jour de plus parce qu'en un jour on peut faire plein de choses. Et le dernier jour de ma vie est très important car il met un point final à notre voyage.

FÉVRIER
C'est moi le plus petit.

MAI
Même que parfois tu triches et que tu rajoutes une journée à ta période de vie.

FÉVRIER
Seulement tous les quatre ans.

JANVIER, MARS, MAI, JUILLET, AOÛT, OCTOBRE, DÉCEMBRE *(se levant ensemble)*
Nous sommes les grands ; vous *(en les montrant du doigt)* êtes les petits.

MADAME ANNÉE
Est-ce que vous avez bientôt fini de vous comparer les uns aux autres ? Vous êtes tous importants pour moi. Grands ou petits, vous êtes tous là *(elle montre son cœur)*. Ici.
(son téléphone sonne, elle répond) Oui, j'arrive !
Janvier, retourne à ta place !
Voilà des papiers et des crayons, servez-vous et écrivez dessus la définition du mot enfant.
Je ne suis pas loin alors faites silence, je ne veux pas vous entendre. Réfléchissez et écrivez !
Elle sort.

Les enfants réfléchissent sans trouver.

FÉVRIER *(sortant une boite de son sac)*
Qui en veut ?

LES MOIS *(ensemble)*
Des beignets !
Les mois se servent.

PÉPITA
Moi aussi j'en veux. Tu m'en donnes un ? *(Février ne l'entend pas)* S'il te plait… Un pour moi et un pour mon frère.

PÉPITO
N'insiste pas !

PÉPITA
Pourquoi il ne me voit pas ?

PÉPITO
Parce que nous sommes en train de rêver.

PÉPITA
Ce n'est pas possible. Tu ne peux pas rêver le même rêve que moi.

PÉPITO
Mon rêve est passé de ma tête à la tienne.

PÉPITA
Tu veux dire plutôt « de ma tête à la tienne ». C'est moi qui les ai entendus la première.

FÉVRIER
(à Mars) Qu'est ce que tu fais ?

MARS
Je vide mes poches. *(il en ressort plusieurs poissons)*

FÉVRIER
Berk ! C'est dégoûtant.

AVRIL *(sortant des poissons en papier de sa poche)*
Moi aussi j'ai des poissons mais ils sont faux. Et ils ne vivent qu'une journée. Juste le premier jour de ma vie. « Premier avril…

TOUS ENSEMBLE *(interrompant Avril)*
Poisson d'avril !

Avril colle un poisson sur le dos de Mars.
Pépito et Pépita rient aux éclats.

MARS
Arrête !
Il décolle le poisson de papier et le colle sur Février.
Pour le plus petit de nous.

LES MOIS ensemble *(narguant Février)*
Petit… petit…petit…
Février arrache le poisson et le déchire en colère.

PÉPITA *(console Février)*
Moi aussi je suis la plus petite de ma classe. Quand je serai une maman je mettrai des hauts talons et je deviendrai grande.

PÉPITO
Tu es une fille et lui il est un garçon, il ne mettra pas de chaussures avec des talons.
Pépita prend Février dans ses bras mais il ne réagit pas.

PÉPITA *(triste)*
Je suis devenue l'enfant invisible.

MARS *(narguant Février)* Petit… petit…petit…
Février réagit et se bat avec Mars.

SEPTEMBRE *(s'interposant)*
Stop ! Madame Année va revenir et nous n'avons pas encore trouvé de définition au mot enfant.

AVRIL
Oui mais je voudrais bien savoir pourquoi tous ces poissons sont dans les poches de Mars.

MARS
Quand vient mon tour de vivre, il pleut souvent… de plus en plus souvent.

SEPTEMBRE
À cause du dérèglement climatique.

MARS
Oui. Et pendant ma dernière période de vie, les nuages remplis de pluie ont gonflé, gonflé, gonflé et pam ! Ils ont explosé et sont retombés dans la mer. Du coup, eh bien, la mer a débordé et a recraché tous les poissons dans mes poches.

JUIN
Ils bougent encore !

DÉCEMBRE
Mais ils sont de plus en plus faibles.

SEPTEMBRE
Ils vont mourir il faudrait trouver un seau.

Ils cherchent tous un peu partout.

PÉPITA
Prends cette bassine. Elle fera l'affaire.
Les mois l'ignorent, elle pose la bassine par terre.

PÉPITO
Ça ne sert à rien, je te le redis, tu ne peux pas rentrer dans le rêve. Toi tu habites la réalité.

PÉPITA
Je voudrais m'amuser avec eux !
Elle touche Avril déguisé en lièvre de Pâques.
Comme il est doux, ce lapin !

PÉPITO
Ce n'est pas un lapin.

PÉPITA
Il lui ressemble en tout cas.

PÉPITO
Normal. C'est son cousin.

PÉPITA
Ah tu vois j'avais raison… J'ai tout de suite vu la ressemblance.

PÉPITO
C'est le lièvre de Pâques, celui qui apporte des œufs en chocolat.

PÉPITA
Dans le jardin de papy et mamie ?

PÉPITO
Oui.

PÉPITA
Tu as raison, il y a des œufs en chocolat dans son panier…. *(elle les touche)*… je les vois mais je ne les sens pas quand je les touche.

PÉPITO
Je n'arrête pas de t'expliquer que tu es dans un rêve. Quand tu fais un cauchemar avec des fantômes ou des monstres et que tu ouvres tes yeux, ils ont disparus. Là, c'est pareil !

MARS
Une bassine ! D'où sort-elle ?

OCTOBRE et NOVEMBRE
Elle est vide.

AVRIL
Il faudrait de l'eau.

PÉPITA
Je peux vous en mettre. La salle de bain est tout près.
Elle n'arrive plus à saisir la bassine.

PÉPITO
Normal ! La bassine est entrée dans le rêve.

PÉPITA
Et pourquoi, moi, je ne peux pas ?

PÉPITO
Parce que si tu rentres dans le rêve tu ne pourras plus jamais en ressortir. Comme la bassine.

NOVEMBRE
Il me reste une boule de neige dans mon sac.
Il la jette dans la bassine et Mars met ses poissons dedans.

Retour de Madame Année.

MADAME ANNÉE
Alors ces définitions ?
Les mois baissent tous la tête.
Qui peut me lire la sienne ? Janvier ? Mars ? Septembre ? Décembre ? *(font non de la tête).*
Son téléphone sonne.
(au téléphone) Oui d'accord… *(elle raccroche)*
(aux mois) Écoutez-moi ! C'est important, je ne peux pas vous en dire plus, mais on m'appelle au

ministère de la transition énergétique. Quelque-chose de grave vient d'arriver. Ils ont besoin de mon avis. Je n'en aurai pas pour longtemps. À mon retour je veux que chacun de vous me donne sa propre définition du mot enfant. Vous entendez ! Allez, allez, au travail ! *(elle sort).*
(Les mois se replongent sur leur feuille)

MARS
Mes poissons ! Non ce n'est pas vrai ! Mes poissons ! Ils sont morts.

LES MOIS *(accourant vers la bassine)*
Ils ne sont pas morts, ils sont congelés !

PÉPITA
Comme les poissons du congélateur.

PÉPITO
Tais-toi !

AVRIL
Atchoum ! Atchoum !

AOÛT
Qu'est ce qui t'arrive ?

AVRIL
Je suis allergique au pollen….

MAI
Laissez-moi faire !
Elle caresse le visage d'Avril avec un brin de muguet.
Il arrête d'éternuer.

AVRIL
Efficace ton truc !

MAI
Je suis une petite fée.
Voici le mois de mai *(en dansant et chantant)*

LES MOIS *(en chantant)*
Voici le mois de mai

MAI *(en chantant)*
Où les fleurs volent au vent

LES MOIS *(en chantant)*
Où les fleurs volent au vent
Où les fleurs volent au vent si jolie mignonne
Où les fleurs volent au vent si mignonnement.

PÉPITO
Elle est belle !
(il sent Mai) Et elle sent bon.
(il sent Pépita) C'est pas la même odeur.

PÉPITA
Eh ben voilà ! Elle, elle sent bon et moi je pue le caca de chien ou le pipi de chat ou la bouse de vache ou…

PÉPITO
Toi, tu sens le savon ; elle, elle sent le muguet.
Il retourne la sentir, elle ne le voit pas.

PÉPITA
Il y a de l'amour dans l'air on dirait…
Pépita hausse les épaules. Mai donne la main à Juin.
(narguant Pépito) Trop tard ! Elle a déjà un amoureux.

PÉPITO
Il est moche.

PÉPITA
L'amour ce n'est pas une question de beauté mais de ressenti.

PÉPITO
Comment tu sais ça, toi ?

PÉPITA
Parce que je suis amoureuse.

PÉPITO
Toi ?

PÉPITA
Oui. Moi.

PÉPITO
De qui ?

PÉPITA
Je ne te le dirai pas.

PÉPITO
Mademoiselle fait son intéressante. D'ailleurs tu es trop petite pour tomber amoureuse, c'est juste quand on est grand.

PÉPITA
Alors là, pas d'accord… parce que j'ai mon cœur qui fait boum boum dès que je vois Nono.

PÉPITO *(éclate de rire)*
T'es amoureuse de Nono. Je n'y crois pas ! Décidemment, les filles ont très mauvais goût.

PÉPITA
Tu ne comprends rien à l'amour. Laisse tomber !

SEPTEMBRE
Je ne trouve pas de définition au mot enfant.

LES MOIS *(sauf Mai et Juin)*
Moi non plus.

Les mois cherchent pendant que Juin et Mai dansent.

JUIN *(s'adressant à Mai)*
J'ai cueilli des cerises pour toi.

PÉPITA
Des cerises ! Viens voir, il y a des cerises dans son panier. Et elles ont l'air d'être vraies.
Elle essaie d'en prendre une.
Je n'y arrive pas.
Elle retourne dans son lit.

MAI
Elles sont bonnes !
Juin attache deux paires de cerises aux oreilles de Mai.

SEPTEMBRE
J'en ai une !

LES MOIS *(ensemble)*
Une cerise ?

SEPTEMBRE
Mais non ! J'ai une définition !... Une définition du mot enfant. Ecoutez ! Un enfant c'est gourmand.

MAI
J'en ai une autre : un enfant c'est l'amour.

JUIN
Avec plein de couleur.

JUILLET
Moi aussi j'en ai une : un enfant a des étoiles dans les yeux.

AOÛT
Une autre : un enfant aime la chaleur.

JUILLET
Mais il ne faut pas lui en donner trop, sinon sa peau risquerait de brûler. Un enfant c'est fragile.

FÉVRIER
Pas tant que ça ! Un enfant c'est quelqu'un de fort même s'il est petit.

AVRIL
Un enfant c'est fait pour grandir.

MARS
Un enfant a besoin d'être arrosé.

AVRIL
Comme mes fleurs du printemps. Ce sont elles qui annoncent le renouveau après l'hiver…. Brrr il fait froid en hiver.

JANVIER
Tu as raison, les mois d'hiver sont froids mais c'est pour offrir de la neige aux enfants.

FÉVRIER
Et ils aiment la neige.

DÉCEMBRE
Ils font des bonhommes blancs.

JANVIER
Avec une carotte.

FÉVRIER
Et un balai.

Les mois s'amusent sauf Septembre (par ex : se lancer des papiers en boule, dessiner un bonhomme de neige etc.) Février sort.

PÉPITA *(à Pépito)*
Tu te souviens de Bouboule ?... Notre bonhomme de neige.

PÉPITO
Ah si je m'en souviens ! La neige avait fondu et Bouboule était toujours là.

PÉPITA
Il ne voulait pas nous quitter.

PÉPITO
Et un matin, on a trouvé la carotte par terre.

PÉPITA
Et le balai.

PÉPITO
Bouboule avait disparu. On ne l'a plus jamais revu. Il n'y avait même pas de neige sur le sol, comme s'il n'avait jamais existé.

PÉPITA
Il a existé grâce à nous mais il est parti ailleurs.

Février entre habillé en bonhomme de neige avec un cache-nez dans le cou très coloré. Pépito et Pépita regardent dans le même mouvement de tête puis se regardent tous les deux.

PÉPITA
Il porte mon cache-nez.

PÉPITO
Celui qu'on avait mis autour du cou de Bouboule.

PÉPITA *(essayant de reprendre le cache-nez)*
Et qu'on n'a jamais retrouvé. Il est à moi. C'est le mien. C'est Mamie qui me l'avait tricoté.

PÉPITO
Tu ne le récupéreras plus jamais.

PÉPITA
Mamie sera obligée de m'en tricoter un autre.

PÉPITO
T'inquiète pas, maintenant qu'elle est à la retraite, elle va avoir le temps.

Pépita regarde les mois s'amuser avec envie.

PÉPITA
C'est vraiment dommage que je ne puisse pas jouer avec eux….

SEPTEMBRE
(aux mois) Vous ne pensez qu'à vous amuser. Heureusement que je suis là pour rappeler aux enfants qu'ils doivent aller à l'école quand j'arrive.

MADAME ANNÉE *(en voix off)*
Comment faire pour lui redonner la joie de vivre ? Notre soleil déprime.

SEPTEMBRE
C'était donc pour ça que Madame Année a été appelée d'urgence au ministère de la transition énergétique !
(les mois cessent de jouer et s'approchent de Septembre)
Vous avez entendu ? Notre soleil déprime ?
Comment cela est-il possible ?

NOVEMBRE
Il a peur de devenir comme notre Terre qui est au plus mal.

OCTOBRE
À cause des hommes qui n'en prennent pas soin ?

NOVEMBRE
Oui.

JANVIER
Si le soleil déprime, il va devenir triste.

FÉVRIER
Et s'il est triste, il ne brillera plus.

MARS
Le monde va devenir une photo en noir et blanc.

AVRIL
Quelque chose qui ne bouge pas.

MAI
Sans aucune couleur.

JUIN
Et sans lumière.

JUILLET
J'en ai bien peur.

OCTOBRE
Nous devrons aller sur une autre planète.

NOVEMBRE
Pas question de quitter la Terre.

DÉCEMBRE
Si nous voulons rester, nous devons empêcher le soleil d'être triste. Réfléchissons !

PÉPITA
Pépito, j'ai peur…

PÉPITO
Chuuuut !

AOÛT
Fermons les yeux et retrouvons nos yeux d'enfant, ce serait mieux pour réfléchir.

JUILLET
Tu as raison. Que ferait un enfant pour redonner le sourire au soleil ?

À chaque proposition, Pépito et Pépita vont réagir en silence avec des expressions ou gestes.
DÉCEMBRE
Je sais ! Il décorerait les sapins de la Terre. Et le soleil serait heureux. J'ai des guirlandes dans mon sac. (*Décembre sort*)

MARS
Attends-moi ! Je vais déguiser le soleil. J'ai un tas de costumes là-dedans.

JUIN *(le stoppe)*
Le soleil est trop grand. Aucun de tes costumes n'est taillé pour lui.

MARS
Alors je me déguiserai et je le ferai rire.

AVRIL
Oui ! Pendant que je lui raconterai une blague. Les enfants adorent raconter des blagues.

JUILLET
Et nous deux *(montrant Août)*, nous le garderons éveillé.

AOÛT
Très bonne idée ! En avant !

Juin, Mars, Avril, Juillet, Août sortent en même temps.

SEPTEMBRE
Je ferai apparaitre un arc-en-ciel. Il y aura de la couleur dans l'air.

MAI
Je parfumerai le soleil.

JUIN
Il retrouvera son énergie. Allons-y !
Septembre, Mai et Juin sortent.

OCTOBRE
Je crois que pour le faire rire, un enfant se déguiserait en monstre d'Halloween. Viens, allons chercher un déguisement.

NOVEMBRE
Mais non ! Surtout pas… Tu lui ferais peur. Déversons plutôt une tonne de pluie sur la Terre, ça rafraichira l'atmosphère.
Octobre et Novembre sortent main dans la main.

FÉVRIER
Il faudrait que le soleil retrouve des forces…
(il réfléchit, regarde partout) Offrons-lui la part de galette de madame Année.
Février prend la part de galette, il est arrêté par Janvier.

JANVIER
Euh, c'est que…

FÉVRIER
Que quoi ?

JANVIER
Je crois que dedans, il y a la fève.

FÉVRIER
Eh bien, c'est encore mieux, le soleil sera le roi et il sera heureux.

JANVIER
Non ! C'est moi, le roi !

FÉVRIER
Il est temps que tu apprennes à partager ! Viens !

PÉPITO
Ils sont partis.

PÉPITA
Notre rêve est terminé.

Madame Année entre.
PÉPITO
Pas forcément. Regarde ! *(montrant madame Année)*

MADAME ANNÉE
Janvier, Février, Mars, Avril, Mai, Juin, Juillet, Août, Septembre, Octobre, Novembre, Décembre… Il s'est produit un miracle, le soleil ne déprime plus… Mais où êtes-vous ?
Elle ramasse les feuilles des mois et lit.
Un enfant c'est … c'est…. « un soleil qui illumine la vie des grands ». *(elle réfléchit un instant)*
Mais oui, bien sûr ! Ce sont les enfants qui ont fait revenir le soleil.

LES MOIS *(en voix off)*
Non ! C'est nous !

MADAME ANNÉE *(les ignorant)*
Parce que chaque enfant porte en lui une part de soleil ! Et donc un enfant est un soleil.
Elle sort.
Les mois, les petits et les grands, où êtes-vous ?

PÉPITO
Elle a dit « un enfant est un soleil ». Je suis un soleil.

PÉPITA
Tu dis n'importe quoi ! Il n'y a qu'un soleil et ce n'est pas toi.

PÉPITO
Attends, je vérifie. *(il ouvre un dictionnaire)*

PÉPITO
Enfant : être humain dans la période de l'enfance.

PÉPITA
Et un être humain est un être humain. Pas un soleil !

PÉPITO
Tu as raison. Un être humain, c'est un homme.

PÉPITA

Ou bien une femme…Cherche le mot être !

PÉPITO

Je suis, tu es, il est, nous sommes, vous êtes, ils sont…

PÉPITA

C'est compliqué ! Lis la définition du mot soleil !

PÉPITO

Soleil : Astre qui donne de la lumière.

PÉPITA

Un des mois a écrit sur son papier qu'un enfant illumine la vie des grands.

PÉPITO

Comme un astre qui donne de la lumière.

PÉPITA

Et le soleil est un astre.

PÉPITO

Donc un enfant, c'est un soleil aussi.

PÉPITA

Je crois que finalement, c'est toi qui a raison. On devrait changer la définition du mot « enfant » dans le dictionnaire.

PÉPITO
Tiens voilà un papier et un crayon, écris avant qu'on oublie : enfant, deux points, soleil qui illumine la vie des grands.

PÉPITA
Demain on racontera tout ce qui s'est passé à papa et à maman et…

PÉPITO *(la coupant)*
Ils ne vont pas nous croire.

PÉPITA
Mamie, elle, elle nous croira surtout si on lui parle du cache-nez.

PÉPITO
Je n'en suis pas sûr.

PÉPITA
Les mois ne reviennent pas. Je me demande où ils sont.

MADAME ANNÉE *(en voix off)*
Ils sont avec moi. Nous tournons la roue du temps pour que vous permettre de grandir.

PÉPITO
C'était la voix de Madame Année !

PÉPITA
Et elle m'a entendue puisqu'elle m'a répondu. Elle est sortie de notre rêve, tu crois ?

PÉPITO
Je ne sais pas, je n'arrive plus à réfléchir *(il baille)* j'ai sommeil.

PÉPITA
(baillant à son tour) Moi aussi. Bonne nuit, Pépito.

PÉPITO
Bonne nuit, Pépita.
Ils s'engouffrent sous leur drap.

Les comédiens reviennent et chacun son tour donne sa propre définition du mot « enfant ».

Je m'appelle… un enfant pour moi, c'est…
Etc.

RIDEAU

Ado
C'est mieux

10 personnages sur une aire de jeux :
Schibboleth l'examinateur : Personnage atypique.
Banana Split : Le plus grand.
Citron Pressé : Impatient.
Café Arabica : Potelé.
Chocolat Moutarde : Original, comique.
Pomme Verte : Petite fille qui refuse de grandir.
Vanille Cookies : Coquette.
Pêche Melba : Coquette.
Pamplemousse Caramel : Intellectuelle.
Yaourt Framboise : Pessimiste.

Note de l'auteure :
Schibboleth signifie « épreuve totale et décisive » en langue hébraïque. C'est aussi « un terme de ralliement qui détermine l'appartenance à un groupe ». Schibboleth détient la mémoire, il symbolise la frontière entre deux étapes de vie, il est celui qui guide. Il est un adulte mais le rôle sera, de préférence, tenu par un enfant (en le grimant) pour ne pas tomber dans le côté moralisateur. Suggestion : si le rôle parait trop important, il est facile de partager les répliques en rajoutant un personnage qui serait l'adjoint(e) de Schibboleth.

Je vous souhaite une belle représentation. G.S.

La pièce fait partie du répertoire de la Société des Auteurs et Compositeurs Dramatiques (S.A.C.D.)
11, rue Ballu 75442 Paris Cedex 09
Elle ne peut être jouée sans son autorisation.

Pour en faire la demande : Tél 01 40 23 44 44
OU sur leur site : https://www.sacd.fr/
https://www.sacd.fr/compagnie-amateur-demander-une-autorisation

Pour joindre l'auteure :
genevieve.steinling@gmail.com
Site : https://genevieve-steinling.com/

PIÈCE EN 1 ACTE

Schibboleth en retrait, observe les enfants qui arrivent l'un après l'autre. On les sent heureux mais anxieux.

SCHIBBOLETH
Bonjour les enfants.

TOUS
Bonjour, Monsieur.

SCHIBBOLETH
Non ! Pas Monsieur.

TOUS
Bonjour, Madame.

SCHIBBOLETH
Ni Monsieur, ni Madame. Je m'appelle Schibboleth.

TOUS
Bonjour, Schibboleth.

SCHIBBOLETH
Comme vous l'avez lu sur votre convocation, avant de monter dans le train qui vous conduira dans le nouveau monde, vous allez devoir passer plusieurs épreuves.

TOUS *(en cacophonie et excités)* Combien ?

SCHIBBOLETH
Vous le saurez plus tard.

PAMPLEMOUSSE CARAMEL
Est-ce qu'il faudra réussir toutes les épreuves ?

SCHIBBOLETH
Bien sûr et surtout la dernière, celle qui sera décisive.

YAOURT FRAMBOISE
Et si on ne la réussit pas ?

SCHIBBOLETH
Vous serez recalés.

TOUS
Oh non !

SCHIBBOLETH
Êtes-vous prêts ?

TOUS
Oui, Schibboleth.

SCHIBBOLETH
Êtes-vous certains de vouloir découvrir le nouveau monde ?

TOUS
Oui, Schibboleth.

SCHIBBOLETH
Bien ! *(il compte les enfants et les recompte)* Non, le compte n'y est pas. Ma feuille de mission indique neuf enfants… Or, vous n'êtes que huit… il en manque un… Où ai-je mis mes lunettes ?...

TOUS
Sur votre nez.

SCHIBBOLETH
Ah oui … Oui effectivement… Je vais faire l'appel. Je commence… Citron…

CITRON PRESSÉ *(le coupant)*
Présent.

SCHIBBOLETH
Pressé… Citron Pressé. C'est bien toi ?

CITRON PRESSÉ
Oui. C'est moi.

SCHIBBOLETH
Vanille Cookies.

VANILLE COOKIES *(en tournant coquettement sur elle-même)* Présente.

SCHIBBOLETH
Pêche Melba.

PÊCHE MELBA *(imitant Vanille Cookies)*
Présente.

SCHIBBOLETH
Café Arabica.

CAFÉ ARABICA *(un peu lourdaud, il s'avance avec nonchalance)*
Présent.

SCHIBBOLETH
Yaourt Framboise.

YAOURT FRAMBOISE
Présente. *(avec anxiété)* Elles vont être dures, les épreuves ?

SCHIBBOLETH
Tu poseras tes questions plus tard, pour l'instant, je fais l'appel. Banana Split.

BANANA SPLIT
Présent. *(jaugeant les autres)* C'est moi le plus grand.

SCHIBBOLETH
Pamplemousse Caramel.

PAMPLEMOUSSE CARAMEL
Présente.
(à Banana Split) Le plus grand mais sûrement pas le plus intelligent.

BANANA SPLIT
Pour qui elle se prend, celle-là ?

SCHIBBOLETH
Bon, c'est fini, tous les deux ! *(ils cessent leurs chamailleries)* Chocolat Moutarde.

CHOCOLAT MOUTARDE
Présent. *(il fait un peu le pitre).*

SCHIBBOLETH
Vous avez l'air d'être une sacrée équipe ! Je crois que je ne vais pas m'ennuyer.
(il replonge la tête dans ses papiers)
Pomme Verte.
(il regarde un peu partout)
Pomme Verte !
Il manque Pomme Verte. *(silence)* Où est-elle ? Elle n'est pas à l'heure, je la raye de ma liste.

Pomme Verte entre en courant traînant une charrette

POMME VERTE
Non, non attendez…. Attendez-moi, Monsieur !

SCHIBBOLETH
Je m'appelle Schibboleth.

POMME VERTE
Ne partez pas sans moi, Monsieur Schibboleth.

TOUS
Ni Monsieur, ni Madame. Il s'appelle Schibboleth.

SCHIBBOLETH
Je vois que vous comprenez vite.

POMME VERTE
Excusez-moi … Schibboleth, je suis en retard…

SCHIBBOLETH
Tu es Pomme Verte ?

POMME VERTE
Oui.

SCHIBBOLETH
Tu mériterais que je te raye de la liste.

POMME VERTE *(en désignant sa charrette)*
C'est que c'est lourd à traîner.
Tous regardent le contenu de la charrette.

TOUS
Des jouets !

SCHIBBOLETH
(aux enfants) Replacez les jouets là où ils étaient !
(à Pomme Verte) Et toi, prends place à côté de tes camarades !

Pomme Verte avance avec ses jouets.

SCHIBBOLETH
Ah non, non ! Tes jouets restent ici. Il n'y a pas de place dans le train pour eux.

POMME VERTE
Ah non, non ! Ils viennent avec moi.

SCHIBBOLETH
Non !

POMME VERTE
Si.

SCHIBBOLETH
Et moi, je te dis non.

POMME VERTE
Alors, je ne viens pas non plus.
Elle s'apprête à s'en aller, elle est retenue par Schibboleth.

CHOCOLAT MOUTARDE
Si nous n'avons plus le droit de jouer et de rire là-bas, je t'accompagne.

SCHIBBOLETH
(à Chocolat Moutarde) Arrête de dire des bêtises ! Là-bas, le rire et les jeux ne sont pas interdits… d'ailleurs toi mon ami…

CHOCOLAT MOUTARDE
Je m'appelle Chocolat Moutarde.

SCHIBBOLETH
Tu as raison, Chocolat Moutarde. Mais laisse-moi te dire que là-bas, il faudra songer à t'habiller différemment.

CHOCOLAT MOUTARDE
Ah ! Ça non !

SCHIBBOLETH
Le monde dans lequel je suis chargé de vous conduire est un monde sérieux.

CITRON PRESSÉ
Moi je suis pressé d'être là-bas.

CHOCOLAT MOUTARDE
C'est sûr, tu t'appelles Pressé… Citron Pressé…

Eclat de rire de tous.
Haussement d'épaule de Citron Pressé.

CITRON PRESSÉ
Tu crois que c'est mieux de s'appeler Chocolat Moutarde ?

CHOCOLAT MOUTARDE
Le chocolat c'est bon.

CITRON PRESSÉ
La moutarde ça pique.
Rire des enfants.

SCHIBBOLETH
Stop !... Vous êtes mal partis pour entrer dans le nouveau monde.

CITRON PRESSÉ
Où il est, le train ? Je ne le vois pas.

YAOURT FRAMBOISE
Il a peut-être eu un accident.

PÊCHE MELBA
Ou bien un enfant ne voulait pas monter dedans. C'est arrivé une fois et le train a pris du retard. Ma sœur me l'a dit.

CAFÉ ARABICA
J'en ai entendu parler aussi.

POMME VERTE
Et l'enfant ? Qu'est-ce qu'il est devenu ?

CAFÉ ARABICA
Ils l'ont installé de force mais ça a perturbé le trafic… Il se débattait, pleurait, hurlait.

YAOURT FRAMBOISE
Pourquoi est-ce qu'ils l'ont forcé ? Dites… Schibboleth… Pourquoi ?

SCHIBBOLETH
Ils l'ont forcé parce qu'il avait passé l'épreuve décisive avec succès.

POMME VERTE
Moi je veux rater les épreuves.

PÊCHE MELBA
Pourquoi est-ce que tu es venue ? Il fallait rester chez toi.

PAMPLEMOUSSE CARAMEL
Elle est venue parce que son heure est arrivée… Comme pour nous tous ici. Quand c'est l'heure, c'est l'heure.

Pomme Verte marche à reculons, elle veut partir. Schibboleth la rattrape et la garde près de lui.

VANILLE COOKIES
Moi je veux réussir les épreuves…. Schibboleth… Si je ne sais pas répondre, vous me soufflerez ? Dites ! Vous m'aiderez ?

SCHIBBOLETH
Quand bien même je le voudrais, je ne le pourrais pas.

VANILLE COOKIES
Sur quoi vont porter les épreuves ?

SCHIBBOLETH
Il m'est interdit de vous le dire à l'avance.

VANILLE COOKIES
Donnez-nous des indices.

À chaque supposition, Schibboleth fait non de la tête.
PÊCHE MELBA
Sur l'orthographe ?

CAFE ARABICA
Sur la grammaire ?

CITRON PRESSÉ
Sur le dessin ?

YAOURT FRAMBOISE
Sur la géographie ?

CHOCOLAT MOUTARDE
Sur l'histoire ?

PAMPLEMOUSSE CARAMEL
Sur la littérature ?

BANANA SPLIT
Sur le sport ?

SCHIBBOLETH
Elles ne portent sur rien de tout cela.

BANANA SPLIT
Sur quoi alors ?

SCHIBBOLETH
Patience !

BANANA SPLIT
Personne ne veut nous le dire. Ni nos parents, ni nos grands frères, ni nos grandes sœurs.

SCHIBBOLETH
Ce n'est pas qu'ils ne veulent pas, c'est qu'ils en sont incapables parce que … Écoutez-moi !… Dès qu'un enfant est passé de l'autre côté de la frontière, il devient un adolescent et il ne se souvient plus des épreuves qu'il a passées.

Chocolat Moutarde arrache des mains, le carnet de Schibboleth.

CHOCOLAT MOUTARDE
Ça y est !... Ça y est les amis, je l'ai… Regardez… là, là, c'est marqué…

TOUS
Montre ! Montre !

SCHIBBOLETH
Donnez-moi ça !

CHOCOLAT MOUTARDE
Épreuve de l'offrande…

SCHIBBOLETH
Rends-moi mon carnet ! Personne ne doit tricher. Allez ! Donne !
(Chocolat Moutarde hésite) Très bien, tu n'auras pas ton passeport.
(Chocolat Moutarde le lui rend) Ne t'avise plus à recommencer… Et vous non plus.

CITRON PRESSÉ
Quand est-ce qu'il arrive le train ?

SCHIBBOLETH
Bientôt, bientôt.

Pomme Verte ramasse tous ses jouets et s'apprête à sortir.

SCHIBBOLETH
Où tu vas, toi, encore ?

POMME VERTE
Je retourne d'où je viens. Je ne veux pas aller là-bas.

SCHIBBOLETH *(autoritaire)*
Tu restes ici. Et tu vas passer maintenant l'épreuve de l'offrande comme tout le monde.

POMME VERTE
Non. Je m'en vais.
Schibboleth la ramène de force.

SCHIBBOLETH
Tu restes ici et c'est un ordre.
(Pomme Verte serre sa poupée contre elle)
Tout le monde a lu le règlement ?

TOUS *(sauf Pomme Verte)*
Oui.

SCHIBBOLETH
Toi aussi, Pomme Verte ?

POMME VERTE
Oui.

SCHIBBOLETH
Donc, tous, sans exception, vous allez m'offrir ce qui était demandé sur votre carton de convocation… D'abord, les garçons. Allez-y ! Déposez ici une petite voiture avec laquelle vous jouiez hier encore.
Il coche au fur et à mesure sur son carnet.

CITRON PRESSÉ
Voilà ma citerne de pompier.

BANANA SPLIT *(une dizaine de petites voitures)*
Toute ma collection.

CAFÉ ARABICA
Mon camion de pompiers. Schibboleth… Je peux… Juste une dernière fois…
Schibboleth approuve de la tête et Café Arabica fait avancer le camion à friction en disant « Pimpon-Pimpon » et tous répètent avec lui.

.
CHOCOLAT MOUTARDE
Adieu ma roulotte du cirque Perlimpinpin… là-dedans il y a des… lions.
Il fait peur aux filles, les garçons rient.

SCHIBBOLETH
Aux filles maintenant ! *(elles hésitent)* Allez, allez, je veux vos livres de princesses et de fées… Allez, allez !

Les filles défilent en jetant leurs livres dans un panier.

VANILLE COOKIES
Cendrillon et sa belle robe…
Elle fait quelques pas de danse.

PÊCHE MELBA
Blanche-Neige…
Les garçons ironisent en fredonnant « Un jour son prince viendra, un jour, il lui dira… »

YAOURT FRAMBOISE *(rêveuse)*
L'histoire de la Petite Sirène.
Taquins, les garçons imitent les poissons.

PAMPLEMOUSSE CARAMEL
« La psychanalyse des contes de fées ».

TOUS
Hein !

PAMPLEMOUSSE CARAMEL
(avec un air supérieur) De Bruno Bettelheim

BANANA SPLIT
La psy quoi ?

PAMPLEMOUSSE CARAMEL
La psychanalyse. Évidemment, tu ne sais pas ce que ça veut dire ?

SCHIBBOLETH
Pamplemousse Caramel, on se calme !

PAMPLEMOUSSE CARAMEL
Mon livre parle de fées et de princesses.

SCHIBBOLETH
Je sais mais ce n'est pas ce genre de livre que lisent les enfants.

PAMPLEMOUSSE CARAMEL
Moi, le livre m'a passionnée, il analyse les comportements des héros.

BANANA SPLIT
Oh l'intello ! *(la rechignant)* le livre m'a passionnée.

CHOCOLAT MOUTARDE
Psy psy pys…

SCHIBBOLETH
Stop *!*
(à Pamplemousse Caramel) Pose-le ! Je l'accepte.
(à Pomme Verte) À ton tour.

POMME VERTE
L'histoire de Peter Pan. Je ne peux vraiment pas le garder, Schibboleth ?
(il fait non de la tête)
(l'implorant) S'il te plait.

Il fait encore non de la tête et à regret, Pomme Verte jette délicatement le livre dans le panier.

PÊCHE MELBA
Qu'est-ce que nos livres vont devenir ? Vous les jetterez à la poubelle ?

CAFÉ ARABICA
Et nos petites voitures ?

SCHIBBOLETH
Ceci est l'épreuve de l'offrande, et comme il se doit, vos jouets seront offerts à d'autres enfants moins gâtés que vous.
Bravo ! Vous avez tous passé l'épreuve avec succès. Passons à la deuxième… c'est-à-dire l'épreuve du ridicule.

TOUS
Du ridicule !

SCHIBBOLETH
Oui… du ridicule qui ne tue pas… Vous allez, à tour de rôle, vous placer devant vos camarades et leur faire une grimace…

PAMPLEMOUSSE CARAMEL
Faire une grimace ! Ah ça oui, on peut dire que c'est une épreuve ridicule, complètement ridicule.

BANANA SPLIT
(la rechignant) Complètement ridicule.
Regard noir de Pamplemousse Caramel.

SCHIBBOLETH
Vous allez vous taire tous les deux et écouter !
(à tous) La grimace pourra être drôle ou bien effrayante mais elle devra plaire à tous vos camarades qui vous applaudiront sinon vous serez recalés.

Les enfants défilent et font des grimaces. Ils se font tous applaudir.

SCHIBBOLETH
Je vois que j'ai affaire à une bonne cuvée... Alors continuons !

CITRON PRESSÉ
Quand est-ce qu'il arrive le train ?

SCHIBBOLETH
Bientôt, bientôt. Asseyez-vous dans l'herbe en attendant que je termine mes notes.

Ils s'assoient tous. Pomme Verte, un peu à l'écart.

BANANA SPLIT
J'ai hâte d'arriver là-bas et de dormir dans ma nouvelle chambre.

CAFÉ ARABICA
Moi je vais garder la même mais j'aurai le droit de l'aménager différemment et pour commencer, je décollerai le papier peint parce qu'il y a des fantômes qui se cachent derrière la tapisserie. Toutes les nuits ils traversent le papier et ils viennent dans mon lit.

PAMPLEMOUSSE CARAMEL
Les fantômes n'existent pas.

CAFÉ ARABICA
Tu es sûre ?

PAMPLEMOUSSE CARAMEL
Certaine.

PÊCHE MELBA
Je n'ai jamais vu de fantôme.

CITRON PRESSÉ, VANILLE COOKIES, YAOURT FRAMBOISE, CHOCOLAT MOUTARDE, BANANA SPLIT
Moi non plus !

PÊCHE MELBA
(à Pomme Verte) Et toi ?

POMME VERTE
Moi non plus.

CAFÉ ARABICA
Je changerai le papier peint quand même.

PAMPLEMOUSSE CARAMEL
Dans la chambre de là-bas, j'aurai un ordinateur rien que pour moi.

VANILLE COOKIES
Tu as de la chance, il faudra que je partage le mien avec ma sœur et mon frère mais je suis contente parce que je vais pouvoir m'inscrire sur Facebook.

CITRON PRESSÉ
On pourra créer un groupe.

BANANA SPLIT
Et on l'appellera « les enfants d'ici ».

PAMPLEMOUSSE CARAMEL
Ah non, non… Non et non. Là-bas, plus question d'enfants… On l'appellera *(elle réfléchit)* Oui, c'est ça, on l'appellera « Ado c'est mieux ».

BANANA SPLIT
Tu n'en as pas marre de me contredire ?

CITRON PRESSÉ *(réactif)*
Je préfère « Ado c'est mieux ».

VANILLE COOKIES, PÊCHE MELBA, YAOURT FRAMBOISE, CAFÉ ARABICA
Moi aussi.

Pamplemousse Caramel regarde Banana Split avec un sourire de vainqueur.
Banana Split hausse les épaules avec dédain.

CHOCOLAT MOUTARDE
(il réfléchit et chante)
A… do ré mi fa sol la si do….
Gratte-moi la puce que j'ai dans le dos.
Si tu étais venu plus tôt
Elle ne s'rait pas montée si haut.

PAMPLEMOUSSE CARAMEL
Mais non idiot ! Pas « A » et « DO » … mais « ADO », en un seul mot… le début de adolescent.

CHOCOLAT MOUTARDE
J'avais compris, c'était pour rire.

PAMPLEMOUSSE CARAMEL *(ne le croyant pas)*
Oui… oui…

CITRON PRESSÉ
Je vais avoir un téléphone.

YAOURT FRAMBOISE
Moi aussi !

VANILLE COOKIES, PÊCHE MELBA, PAMPLEMOUSSE CARAMEL, BANANA SPLIT, CAFÉ ARABICA, CHOCOLAT MOUTARDE *(Pomme Verte joue avec ses jouets.)*
Moi aussi ! Tope là !

CAFÉ ARABICA
On va devenir des grands.
(il se met sur la pointe des pieds)

BANANA SPLIT *(réactif)*
Oh ! Oh ! C'est moi le plus grand.

VANILLE COOKIES
J'aurai le droit de me maquiller comme ma grande sœur. Et je vais, comme elle, porter un appareil dentaire pour avoir de belles dents bien alignées.

PÊCHE MELBA
On va nous appelez « Mademoiselle » et nous vouvoyer.

CHOCOLAT MOUTARDE
Vous allez vous faire draguer, les filles.
Les filles font les petites coquettes.

CAFÉ ARABICA
Et les dragueurs, ce sera nous.

YAOURT FRAMBOISE
Euh… Ou bien d'autres…

VANILLE COOKIES
Oh oui, nous allons en rencontrer des nouveaux… Des beaux garçons…

PÊCHE MELBA
Et nous pourrons les embrasser…

VANILLE COOKIES
Sur la bouche.

PÊCHE MELBA
Avec la bouche ouverte, et la langue.

YAOURT FRAMBOISE
Berk ! C'est dégoûtant !

PÊCHE MELBA
Mon frère a une copine et il n'arrête pas de l'embrasser, ça ne le dégoûte pas.

PAMPLEMOUSSE CARAMEL
C'est sûrement parce que sa copine mange des bonbons à la menthe pour avoir une haleine fraîche.

VANILLE COOKIES
Ma sœur, elle mange du chewing-gum.

PÊCHE MELBA
Et après on aura un bébé et on partira dans un autre monde.

CAFÉ ARABICA
Celui des adultes.

SCHIBBOLETH *(revenant vers eux)*
Adultes ! Pas encore, voyons ! Le monde des adultes viendra beaucoup plus tard.

CITRON PRESSÉ
Quand est-ce qu'il arrive le train ?

SCHIBBOLETH
Bientôt, bientôt.

CITRON PRESSÉ
J'en ai marre d'attendre. Je veux devenir grand.

PAMPLEMOUSSE CARAMEL
Ne sois pas si pressé... *(Le narguant)* Citron... Citron Pressé... une fois que tu seras entré dans le nouveau monde, tu ne pourras plus revenir ici.

CITRON PRESSÉ
Plus jamais ?

PAMPLEMOUSSE CARAMEL
Non plus jamais.

CITRON PRESSÉ
C'est vrai... Schibboleth ?

SCHIBBOLETH
Oui c'est vrai. Et puisque tu veux devenir grand, passons justement à l'épreuve de la hauteur au poil.

BANANA SPLIT
Nous allons grandir ? Super !

YAOURT FRAMBOISE
Tu es déjà le plus grand de nous tous.

BANANA SPLIT
Je veux grandir encore. Être le plus grand du monde.

SCHIBBOLETH
Patience, Banana Split, d'abord les filles.

BANANA SPLIT
Ce n'est pas juste ! Les garçons doivent être plus grands que les filles !

PAMPLEMOUSSE CARAMEL
N'importe quoi ! Garçons ou filles, il y en a des petits, des moyens, des grands !

BANANA SPLIT
Admets quand même que je suis plus grand que toi.

PAMPLEMOUSSE CARAMEL
Et moi, je suis plus grande que café Arabica qui est un garçon.

Café Arabica s'avance vers Pamplemousse Caramel.
CAFÉ ARABICA
Elle a raison.

PAMPLEMOUSSE CARAMEL
Ta théorie ne tient pas.

BANANA SPLIT
(la rechignant) Ta théorie ne tient pas !
(à Café Arabica) Ne t'inquiète pas ! Là-bas, nous aurons vite fait de les rattraper.

SCHIBBOLETH
Stop !
Voilà, les filles, allez-y, servez-vous !

PÊCHE MELBA
Qu'est-ce que c'est ?

PAMPLEMOUSSE CARAMEL
Tu vois bien, ce sont des chaussures à talons hauts.

VANILLE COOKIES
Des chaussures de grandes !

YAOURT FRAMBOISE
Je vais tomber. J'ai pas l'habitude de marcher avec ça.

POMME VERTE
Moi non plus. Et je n'y arriverai pas. Autant que je reparte tout de suite dans le monde de l'enfance.

SCHIBBOLETH
Tu es obligée de passer cette épreuve et tu vas, comme toutes les filles, la passer.
(à toutes les filles) Vous marcherez de là à là et de là à là, et sans tomber. Vous n'avez droit qu'à un seul essai… Enfilez chacune une paire de ces chaussures et marchez ! Allez, Pomme Verte, toi aussi et il est interdit de tricher comme par exemple de tomber exprès. Compris ?
Pomme Verte tend sa poupée à Schibboleth avant de passer l'épreuve. Toutes les filles choisissent une paire de chaussures « de dame ».
Les garçons les regardent du coin de l'œil.

CAFÉ ARABICA *(inquiet)*
Schibboleth, nous aussi nous devrons mettre ces machins aux pieds ?

SCHIBBOLETH
Chut ! Ce n'est pas le moment.

Les garçons se regroupent.

CAFÉ ARABICA *(aux autres garçons)*
On va devoir porter des chaussures de femmes ! Des vraies chaussures de femmes.

BANANA SPLIT
S'il y a des bottes, elles seront pour moi.

CITRON PRESSÉ
Pourquoi, toi ?

BANANA SPLIT
Parce que je l'ai dit en premier.

CITRON PRESSÉ
Les bottes ne te feront pas grandir

BANANA SPLIT
Non mais elles me feront marcher plus vite. J'arriverai le premier à l'autre bout.

Les filles commencent à défiler.

CAFÉ ARABICA
L'épreuve s'appelle « l'épreuve de la hauteur » et pas « de la vitesse ».

CHOCOLAT MOUTARDE
De la hauteur au poil.

CAFÉ ARABICA
Schibboleth, qu'est-ce que ça veut dire « la hauteur au poil » ?

SCHIBBOLETH
Chut ! Ce n'est pas le moment.

CAFÉ ARABICA
Ce n'est jamais le moment !

Les filles défilent. Elles vacillent mais aucune ne tombe.
SCHIBBOLETH
Bravo !
(aux garçons) Vous pouvez applaudir les filles. Elles ont toutes réussi l'épreuve de la hauteur.

Discrètement, Pomme Verte reprend sa poupée.
Les filles remettent leurs chaussures et s'assoient par terre.

SCHIBBOLETH
Au tour des garçons … Au poil mes p'tits gars !
Schibboleth leur tend à chacun un sachet.

CITRON PRESSÉ
Un rasoir !

PAMPLEMOUSSE CARAMEL
Un rasoir ! Pour quoi faire ?

BANANA SPLITH
Pour la barbe.

PAMPLEMOUSSE CARAMEL
Vous n'avez pas de barbe.

CAFÉ ARABICA
Pour la moustache.

Les filles se regardent en se moquant.

SCHIBBOLETH
Voici un miroir.

CHOCOLAT MOUTARDE
Je n'ai pas de poils !

PAMPLEMOUSSE CARAMEL
C'est bien ce que je pensais.

Les filles rient.

SCHIBBOLETH
Chut !
(à Chocolat Moutarde) Un seul poil suffit. Si tu cherches bien, tu en trouveras un.

CAFÉ ARABICA *(se regardant dans le miroir)*
Ah oui ! Là ! Là ! J'en vois un.

Chocolat Moutarde s'est mis de côté, il triche, il rase un poil de sa jambe. Pamplemousse Caramel le voit.

PAMPLEMOUSSE CARAMEL
(le dénonçant) Schibboleth, Chocolat Moutarde…
Chocolat Moutarde lui fait signe de se taire.

SCHIBBOLETH
Oui ?

PAMPLEMOUSSE CARAMEL
Non, rien !
Chocolat Moutarde lui fait un signe pour lui dire merci.
Il tend son poil à Schibboleth.

SCHIBBOLETH
Eh ben, dis donc ! Il est grand celui-là !

CHOCOLAT MOUTARDE
J'ai des grands poils parce que j'ai un grand nez.

PAMPLEMOUSSE CARAMEL
Comme Pinocchio !
Regard noir de Chocolat Moutarde.

SCHIBBOLETH
Le compte y est ! Bravo ! Vos avez réussi l'épreuve au poil. Les filles, à votre tour d'applaudir les garçons.
Pomme Verte repart.
Un jouet tombe de sa charrette et fait du bruit.
Tous se retournent et tous (sauf Schibboleth et Chocolat Moutarde) l'encerclent.

POMME VERTE
Laissez-moi ! Je ne veux pas abandonner mes jouets ici. Si je pars là-bas, je ne les reverrai plus jamais.

SCHIBBOLETH *(en colère)*
C'est bien la première fois depuis que je suis employé au service du nouveau monde que je vois une enfant aussi rebelle. Il n'y a pas de place là-bas pour tes jouets, je te l'ai déjà dit.

POMME VERTE
Je prends mes jouets sinon je reste.

SCHIBBOLETH
Quelle tête de mule !

CHOCOLAT MOUTARDE
Si elle reste, je reste.

SCHIBBOLETH
Reste surtout en dehors de tout cela. Quant à toi Pomme Verte… Bon, écoute !… Je te permets, à titre exceptionnel, je dis bien… Ex-cep-tionnel… d'emporter avec toi une poupée. Et une seule.

POMME VERTE
J'aime tous mes jouets et je veux les emporter tous.

CHOCOLAT MOUTARDE
Elle les aime tous.

SCHIBBOLETH
Une seule poupée, j'ai dit.

CITRON PRESSÉ, VANILLE COOKIES, PÊCHE MELBA, YAOURT FRAMBOISE, PAMPLEMOUSSE CARAMEL, BANANA SPLIT, CAFÉ ARABICA
Elle les aime tous.

SCHIBBOLETH
Une poupée. C'est mon dernier mot.

POMME VERTE
Je ne peux pas choisir. C'est impossible.

SCHIBBOLETH
Tes jouets doivent rester dans le monde de l'enfance.

CHOCOLAT MOUTARDE *(il sort de son sac à dos, un grand sachet)*
Tout rentrera là dedans. Personne ne s'apercevra de rien.
Tous remplissent le sac.

SCHIBBOLETH
Je n'ai pas dit oui.

CHOCOLAT MOUTARDE
Vous n'avez pas dit non.

SCHIBBOLETH
Et ni oui non plus.

POMME VERTE
S'il vous plaît… S'il vous plait Schibboleth.

SCHIBBOLETH
Je ne veux plus entendre parler de tes jouets… D'ailleurs je n'ai jamais vu tes jouets. *(il met sa main sur les yeux)* Je ne les ai jamais vus et je ne les vois pas.

POMME VERTE
Oh merci, merci, Schibboleth.

Elle se jette au cou de Schibboleth et l'embrasse. Il se dégage rapidement.

SCHIBBOLETH
Je risque ma place à cause de toi. Alors sois discrète.

POMME VERTE
Promis.

CHOCOLAT MOUTARDE
Si tu veux, je porterai le sac. Il est un peu lourd pour toi.

POMME VERTE
Merci. *(elle lui fait un bisou sur la joue)*

CHOCOLAT MOUTARDE
(gêné) Oui, bon, ça va, ça va.

CAFÉ ARABICA
Chocolat Moutarde et Miss Bisous sont amoureux.

CHOCOLAT MOUTARDE
N'importe quoi !

POMME VERTE
Je ne m'appelle pas Miss Bisous.

SCHIBBOLETH
Stop ! On perd du temps.

CITRON PRESSÉ
Quand est-ce qu'il arrive ?

SCHIBBOLETH
Bientôt, bientôt.

Les enfants s'assoient en tailleur autour du sac de jouets.

YAOURT FRAMBOISE
(à Pamplemousse Caramel) Ça y est ! Il t'en pousse un !

PAMPLEMOUSSE CARAMEL
Un poil ?

YAOURT FRAMBOISE
Mais non !... Un bouton d'acné.

VANILLE COOKIES et PÊCHE MELBA
Déjà !!

PAMPLEMOUSSE CARAMEL
J'ai toujours été en avance pour tout.

BANANA SPLIT
Arrête de te vanter.

PÊCHE MELBA *(s'avançant vers Pamplemousse Caramel)*
C'est vrai, là, là, il est là.

CHOCOLAT MOUTARDE *(s'avançant)*
Il est gros, on dirait un smarties…
et un là et là et encore là et que des rouges !

YAOURT FRAMBOISE
Ne ris pas ! Dans peu de temps, toi aussi tu en auras et des gros et des rouges.

PÊCHE MELBA *(inquiète)*
Schibboleth… Nous en aurons toutes et tous là-bas ?

SCHIBBOLETH
Peut-être oui, peut-être non.

VANILLE COOKIES
Vous ne savez jamais…

SCHIBBOLETH
Parce que je l'ignore.

CAFÉ ARABICA
(à Chocolat Moutarde) Maintenant que tu as parlé de smarties, ça me donne envie de manger …
Ça gargouille là-dedans, on dirait que j'ai une grenouille.

CHOCOLAT MOUTARDE *(met son oreille sur le ventre de Café Arabica)*
Coa, coa ! Vous l'entendez ?

CITRON PRESSÉ *(met son oreille sur le ventre de Café Arabica)*
Je l'entends aussi.

Tous se précipitent sur Café Arabica sauf Schibboleth qui regarde sa montre et Pomme Verte qui joue à la poupée.

CAFÉ ARABICA *(se débattant)*
Non mais ça va pas ! Laissez-moi tranquille !
Je ne suis pas une bête de foire.

PAMPLEMOUSSE CARAMEL
Là-bas tu vas maigrir parce que fini, la nourriture. Plus de frites, ni de gâteaux, ni de glaces.

CAFÉ ARABICA
Qu'est-ce que tu racontes ?

PAMPLEMOUSSE CARAMEL
On te donnera des pilules à la place de la nourriture.

SCHIBBOLETH
Ah bon ! Et depuis quand ?

PAMPLEMOUSSE CARAMEL
Depuis aujourd'hui, je l'ai lu dans une revue scientifique.

SCHIBBOLETH
Tu lis des revues scientifiques ?

PAMPLEMOUSSE CARAMEL
Je l'ai dit tout à l'heure, je suis en avance sur tout.

BANANA SPLITH
(en aparté) Sauf sur la grandeur. Je suis plus grand.

YAOURT FRAMBOISE
Et les pilules elles sont comment ?

PAMPLEMOUSSE CARAMEL
Grandes comme ça…

YAOURT FRAMBOISE
(Prise de panique) Elles vont rester coincées dans ma gorge. Je vais étouffer.

PAMPLEMOUSSE CARAMEL
Tu les couperas en petits morceaux.

VANILLE COOKIES
Elles sont de quelle couleur ?

PAMPLEMOUSSE CARAMEL
Il en existe des blanches et des noires. Les blanches permettent de penser librement… mais elles ont un goût amer.

VANILLE COOKIES
Et les noires ?

PAMPLEMOUSSE CARAMEL
Elles sont délicieuses et sucrées.

CAFÉ ARABICA
Ce sont celles-là que je choisirai.

PAMPLEMOUSSE CARAMEL
Elles sont bonnes mais leur pouvoir est maléfique

CHOCOLAT MOUTARDE, CITRON PRESSÉ, VANILLE COOCKIES, PÊCHE MELBA, YAOURT FRAMBOISE, BANANA SPLIT, CAFÉ ARABICA, POMME VERTE *(effrayés)* :
Waouh !

PAMPLEMOUSSE CARAMEL
Les pilules noires empêchent *(tout bas)* de rêver.

SCHIBBOLETH
Je n'ai jamais entendu parler de ces pilules. Tu nous prends pour des idiots.

PAMPLEMOUSSE CARAMEL *(elle rit)*
J'avoue, c'était une blague.

CAFÉ ARABICA *(en se frottant son petit ventre)*
Ouf !

CHOCOLAT MOUTARDE, CITRON PRESSÉ, VANILLE COOCKIES, PÊCHE MELBA, YAOURT FRAMBOISE, BANANA SPLIT
(en écho) Ouf !

PAMPLEMOUSSE CARAMEL
Avouez que vous y avez cru.

CHOCOLAT MOUTARDE *(ironique)*
On dirait que tu sais mentir toi aussi.

PAMPLEMOUSSE CARAMEL
Ce n'était pas un mensonge, c'était une blague, ce n'est pas pareil.

SCHIBBOLETH
Nous allons voir si tu es aussi maligne pour passer l'épreuve de la force et du courage.

BANANA SPLIT
Chouette ! On va se battre…

SCHIBBOLETH
Personne ne se bat avec personne au sens où on l'entend. *(il sort du sac une mappemonde/baudruche)* Chacun doit porter le monde cinq secondes.

CITRON PRESSÉ
D'abord moi !

SCHIBBOLETH
Tiens !

CITRON PRESSÉ
C'est lourd ! Qu'est-ce qu'il y a dedans ?

SCHIBBOLETH
À l'intérieur se trouvent la haine, la jalousie et la cruauté que vous allez devoir affronter là-bas. Maintenant, passe le monde à ton voisin et ainsi de suite. Chacun de vous soupèsera ainsi le courage dont il devra faire preuve là-bas.
La mappemonde passe difficilement de main en main et revient chez Schibboleth.
Vous avez tous réussi. Je vous félicite. Mais pour que cette épreuve soit validée, je dois juger votre capacité à être solidaires entre vous. Vous allez souffler ensemble sur cette boule pour emmener loin les mauvais sentiments qu'elle contient.
Les enfants se donnent la main et soufflent.
Encore une épreuve de gagnée. Je ne peux que vous applaudir. Là, vous m'épatez.
On entend le train.

CITRON PRESSÉ
Il arrive ! Il arrive ! On y va !

SCHIBBOLETH
Non, pas encore. Il vous reste à passer la dernière épreuve, l'épreuve définitive, celle qui marquera votre séparation à jamais d'avec ce monde-ci et vous ouvrira l'entrée de ce monde de là-bas. Voilà une flaque d'eau. Vous sauterez dedans pour la dernière fois. Ensuite vous sortirez et je vous remettrai votre passeport.

PAMPLEMOUSSE CARAMEL
C'est tout ?

SCHIBBOLETH
Oui.

BANANA SPLIT
C'est trop simple.

SCHIBBOLETH
Certains n'y arrivent pas.

Ils sautent et en ressortent.
Schibboleth leur remet le passeport, en l'occurrence ce sera un chapeau qu'il déposera sur la tête de chacun mais ce peut être tout autre objet.

CITRON PRESSÉ
J'y vais ! Ça y est !

SCHIBBOLETH
Bravo ! Voilà ton passeport. Je te déclare prêt à entrer dans le monde de l'adolescence.

VANILLE COOKIES
Moi aussi ! J'ai réussi !

SCHIBBOLETH
Bravo ! Voilà ton passeport. Je te déclare prête à entrer dans le monde de l'adolescence.

PÊCHE MELBA
Et moi aussi !

SCHIBBOLETH
Bravo ! Voilà ton passeport. Je te déclare prête à entrer dans le monde de l'adolescence.

YAOURT FRAMBOISE
(avec crainte, elle passe l'épreuve) J'ai cru que je n'y arriverais pas, mais j'ai réussi.

SCHIBBOLETH
Bravo ! Il ne faut jamais penser qu'on n'y arrivera pas sans avoir essayé. Voilà ton passeport. Je te déclare prête à entrer dans le monde de l'adolescence.

CAFÉ ARABICA *(saute avec lourdeur)*
Je crois que je vais m'inscrire à un club de sport là-bas.

SCHIBBOLETH
C'est une excellente idée. Bravo ! Voilà ton passeport. Je te déclare prêt à entrer dans le monde de l'adolescence.

BANANA SPLIT
(sans aucune difficulté, il saute)
(il regarde Pamplemousse Caramel) C'est facile quand on est le plus grand.

PAMPLEMOUSSE CARAMEL
Tu ferais mieux de faire grandir ton intelligence.

SCHIBBOLETH
(à Pamplemousse Caramel) Chacun grandit à son rythme physiquement et intellectuellement.
(à Banana Split) Bravo ! Voilà ton passeport. Je te déclare prêt à entrer dans le monde de l'adolescence.

BANANA SPLIT
Mon intelligence ! Qu'est-ce qu'elle a mon intelligence ?

CITRON PRESSÉ
Arrête !
(à Pamplemousse Caramel) Vas-y ! Saute ! Tu nous fais perdre du temps, le train va partir sans nous.

Elle saute.

SCHIBBOLETH
Bravo ! Voilà ton passeport. Je te déclare prête à entrer dans le monde de l'adolescence.

CHOCOLAT MOUTARDE
À mon tour ! *(il s'amuse à s'éclabousser)*

CITRON PRESSÉ
Dépêche-toi ! Le train arrive.

Il sort les pieds de l'eau.

SCHIBBOLETH
Bravo ! Voilà ton passeport. Je te déclare prêt à entrer dans le monde de l'adolescence. Il ne reste plus que toi, Pomme Verte.
Elle s'avance, saute et reste les deux pieds dans la flaque d'eau.
Qu'est-ce que tu attends pour sortir ? Le train va arriver d'une seconde à l'autre.

POMME VERTE
Je veux rester une enfant.

SCHIBBOLETH
C'est impossible. Tu dois grandir.

VANILLE COOKIES
Allez Pomme Verte, viens avec nous !

PÊCHE MELBA
Oui, viens avec nous !

Pomme Verte fait non de la tête.

SCHIBBOLETH
Ecoute-moi !... D'abord tu as été une graine et puis un beau jour tu…

CHOCOLAT MOUTARDE
Tu as fait « coucou c'est moi » !
Rires de tous.

SCHIBBOLETH
Oui, comme dit ce clown… Tu as fait coucou… Puis tu as grandi et tu es devenue une enfant… Maintenant il est l'heure de passer à l'étape suivante.

POMME VERTE
Je ne veux pas aller dans ce monde-là, je veux encore des câlins de ma maman et de mon papa.

PAMPLEMOUSSE CARAMEL
Ah eh ben moi je suis bien contente que là-bas, ils vont freiner un peu, parce que franchement j'en ai un peu marre des ma poupoule par ci, mon canard par là… mon titi….

YAOURT FRAMBOISE
Ma crevette…

PÊCHE MELBA
Ma pitchounette…

CAFÉ ARABICA
Mon p'tit loup

VANILLE COOKIES
Ma pupuce

Sifflement du train.
CITRON PRESSÉ
Le train arrive ! Vite, Pomme Verte, dépêche-toi !

SCHIBBOLETH
Donne-moi la main !

TOUS
Donne-lui la main !
Pomme Verte croise les bras.

SCHIBBOLETH
Très bien, tu es recalée.
Schibboleth sort son carnet.

CHOCOLAT MOUTARDE *(aux autres enfants)*
On ne va pas abandonner Pomme Verte ici.

POMME VERTE
Je ne suis pas toute seule… Mes jouets sont avec moi.

CHOCOLAT MOUTARDE
Viens avec nous !! Viens !

SCHIBBOLETH
Donne-moi ta main et pose un pied ici.
(Pomme Verte s'exécute) Te voilà presque arrivée ! Tu as déjà un pied dans le monde de l'adolescence. Sors l'autre pied de l'eau ! C'est la seule manière de quitter le monde de l'enfance.
(Pomme Verte se bloque, elle a peur. Sifflement du train) Nous ne pouvons pas attendre plus longtemps… Je suis désolé… Les autres, suivez-moi !
(les enfants restent sur place) Très bien, je vous raye tous ! *(il ouvre son carnet).*

CHOCOLAT MOUTARDE *(aux autres enfants)*
Nous devons aider Pomme Verte tous ensemble.

Dans un même élan, les enfants tendent la main à Pomme Verte.

PÊCHE MELBA
Viens !

VANILLE COOKIES
Nous sommes là avec toi.

CITRON PRESSÉ
N'aie pas peur !

CAFÉ ARABICA
Nous ne t'abandonnerons pas.

YAOURT FRAMBOISE
Nous allons découvrir un monde nouveau.

PAMPLEMOUSSE CARAMEL
Et ce sera un monde merveilleux.

BANANA SPLIT
Nous allons grandir.
Soupir grimaçant de Pamplemousse Caramel.

CHOCOLAT MOUTARDE
Aïe confiance !

Pomme Verte hésite encore puis elle sort l'autre pied.
Elle se met sur la pointe des pieds, elle est devenue grande,
elle est fière d'elle.

VOIX OFF
Le train direction monde de l'adolescence entre en gare.
Sifflement du train.
Tous sortent en courant.

SCHIBBOLETH *(en essayant de les rattraper)*
Et ton passeport Pomme Verte ? Ton passeport !
Attends ton passeport !

Ils entrent dans le train.
Soudain, Chocolat Moutarde revient, s'empare du sac de jouets qui était resté sur l'aire de jeux.

CHOCOLAT MOUTARDE
Attendez-moi ! Attendez-moi !
(il s'arrête brusquement – un demi-temps d'hésitation)
Mais non ! Elle n'en aura plus besoin là-bas.
(puis réactif) Attendez-moi ! Attendez-moi !

Il sort en courant en abandonnant le sac.

VOIX OFF
Attention à la fermeture des portes !

Sifflement du train.
Les enfants crient de joie.
Ils reviennent saluer sur une chanson gaie.

RIDEAU

Bibliographie :

Théâtre jeunesse :
- Au secours la terre est malade *(dès 5 ans)*
- Les jouets se font la malle *(dès 5 ans)*
- Par le petit bout de la lorgnette *(dès 7 ans)*
- Aglaé la sorcière *(dès 7 ans)*

Roman jeunesse : *(dès 6/7 ans)*
- Malicia, la sorcière au poil
- Hanayoko et le bonhomme Kamishibaï

Théâtre adulte :
- Une inconnue dans la glace *(3 F - 1 H)*
- J'ai épousé ma liberté *(2 F - 2 H)*
- La vie qui file *(2 F - 2 H)*
- Nos actes manqués *(1 F min. 60 ans)*

Littérature adulte :
- Un jour nouveau se levait à l'horizon *(roman)*
- Frissons sur la toile *(roman)*
- Histoires d'amour, de folie et de mort *(nouvelles)*
- La poupée qui chantait et autres histoires fantastiques.